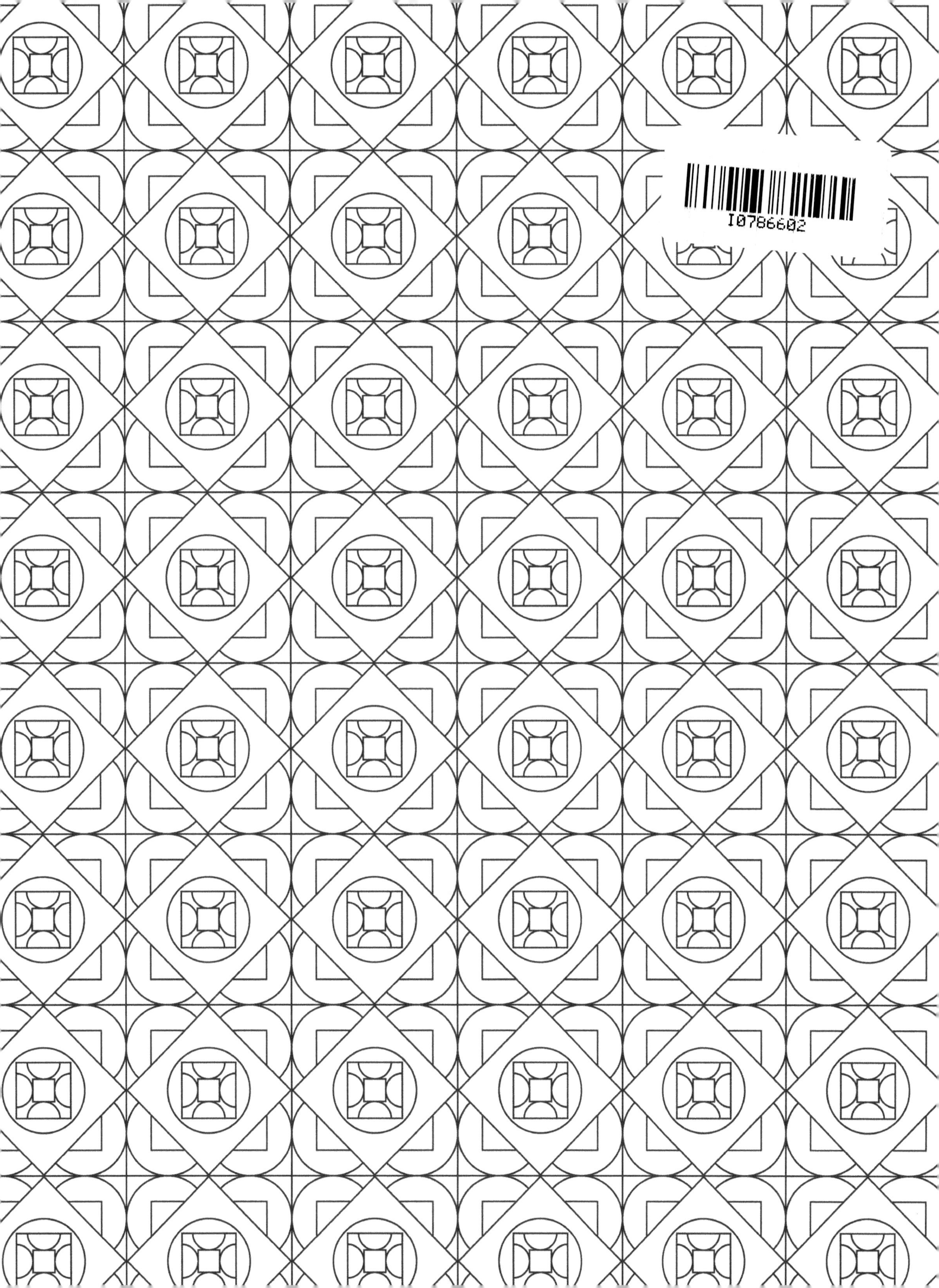
I0786602

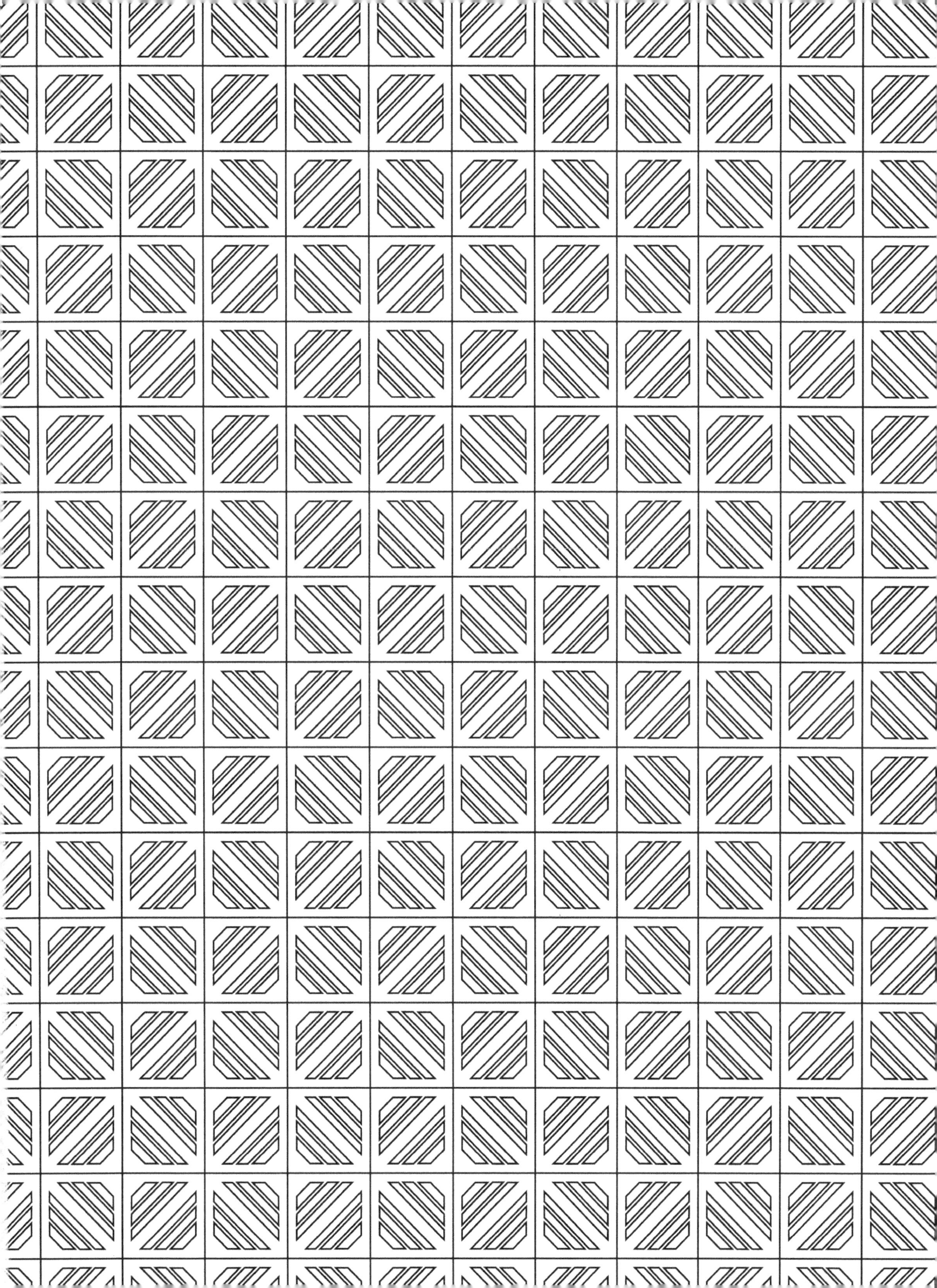

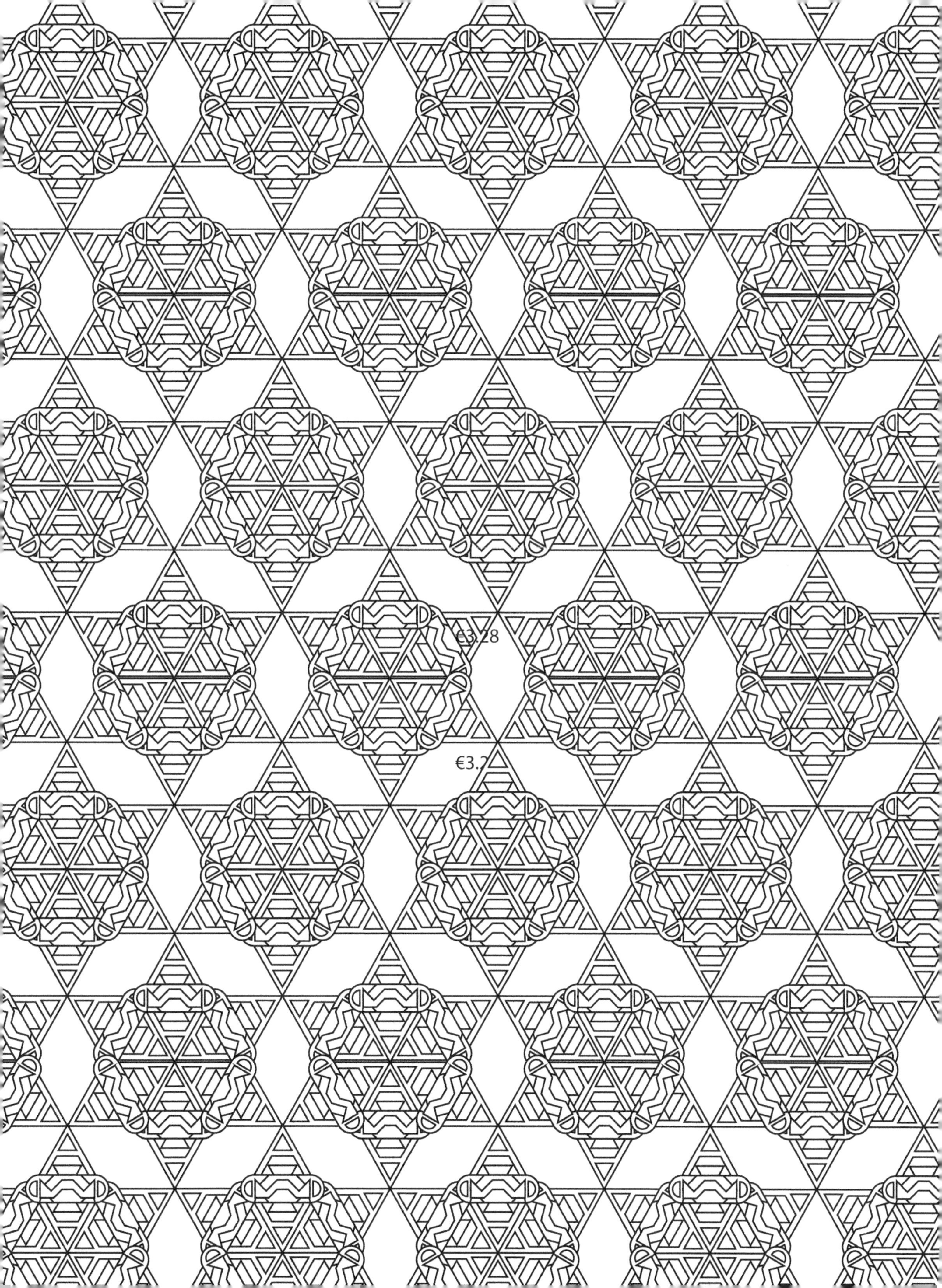

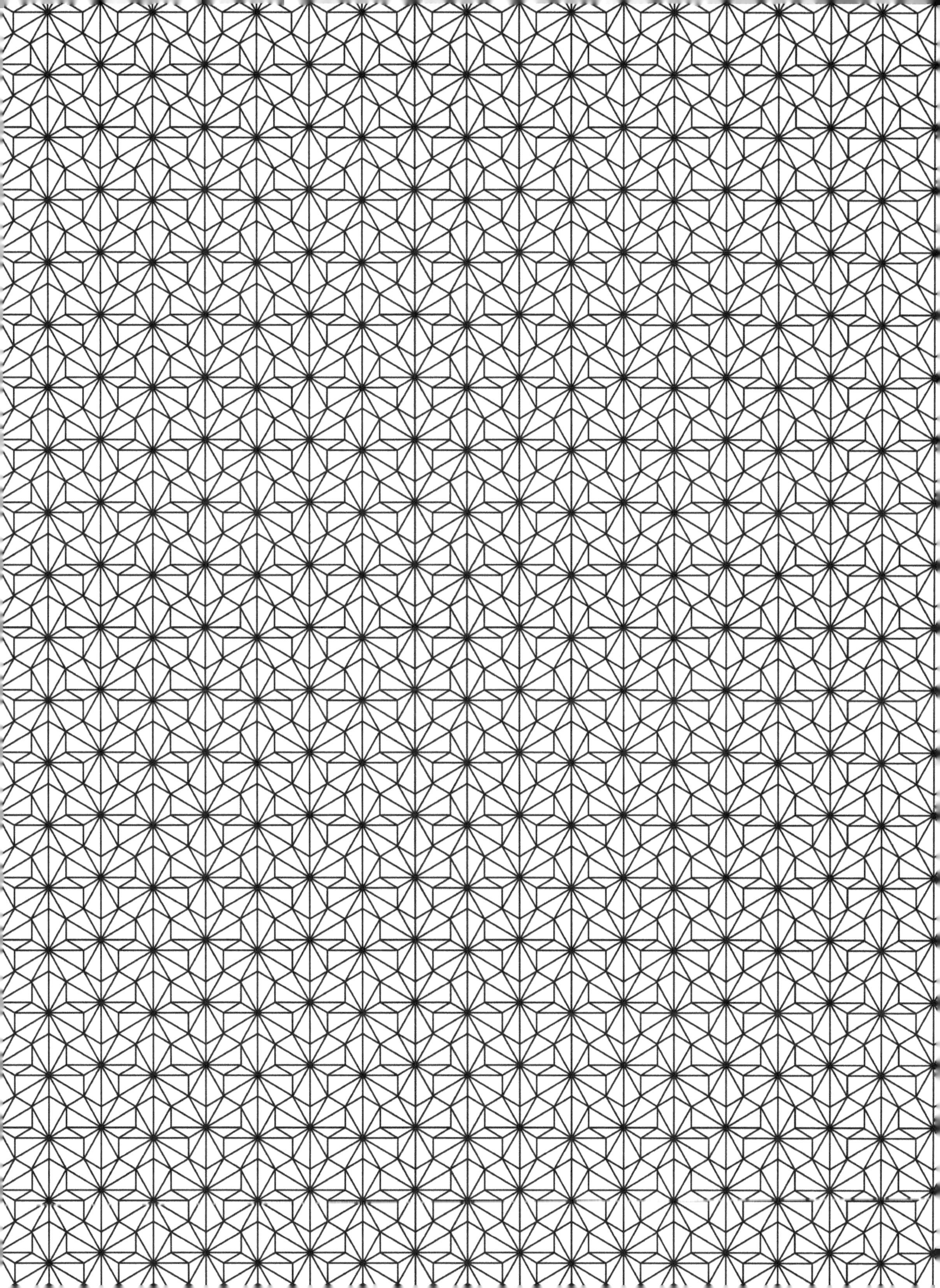

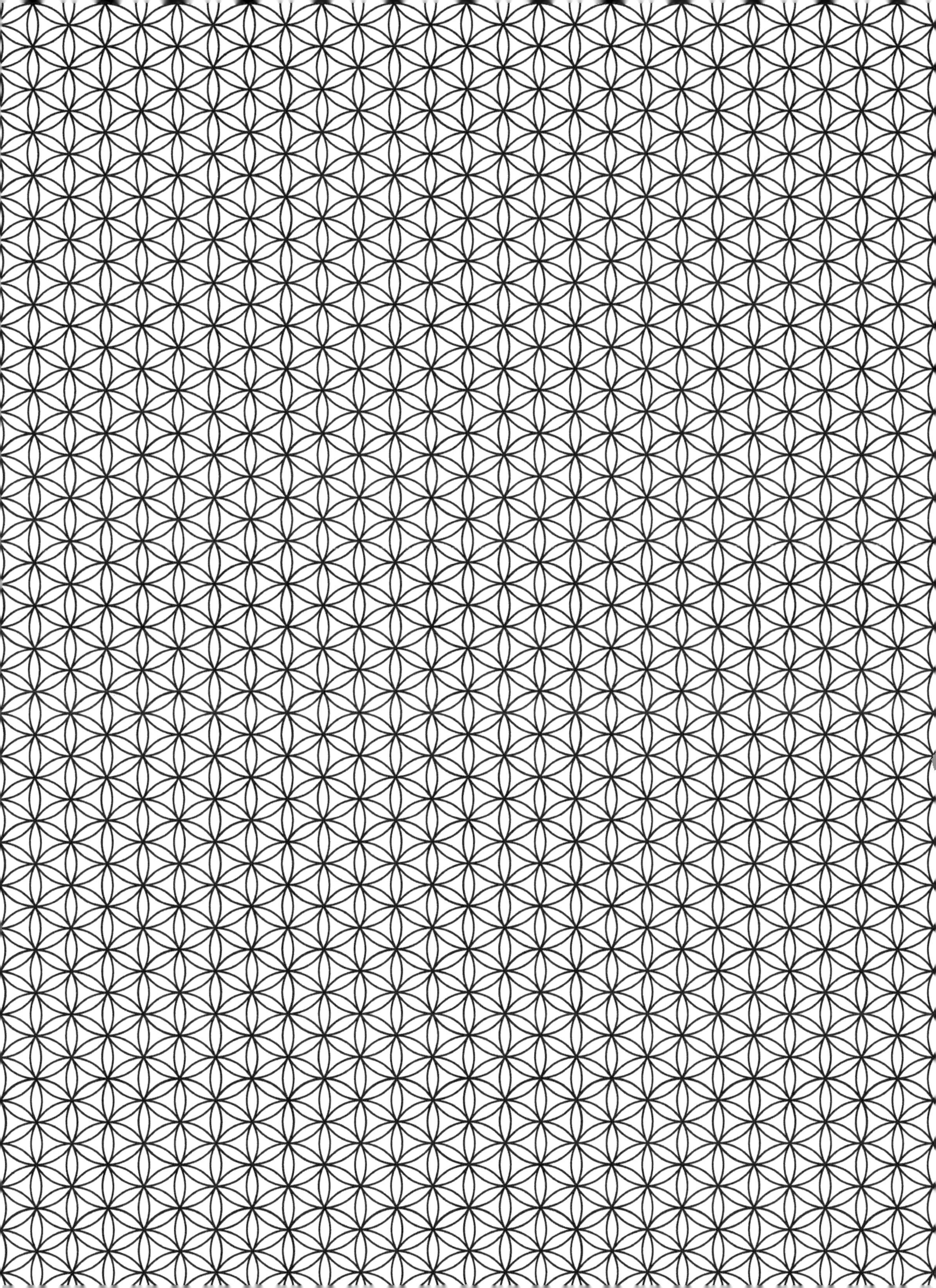

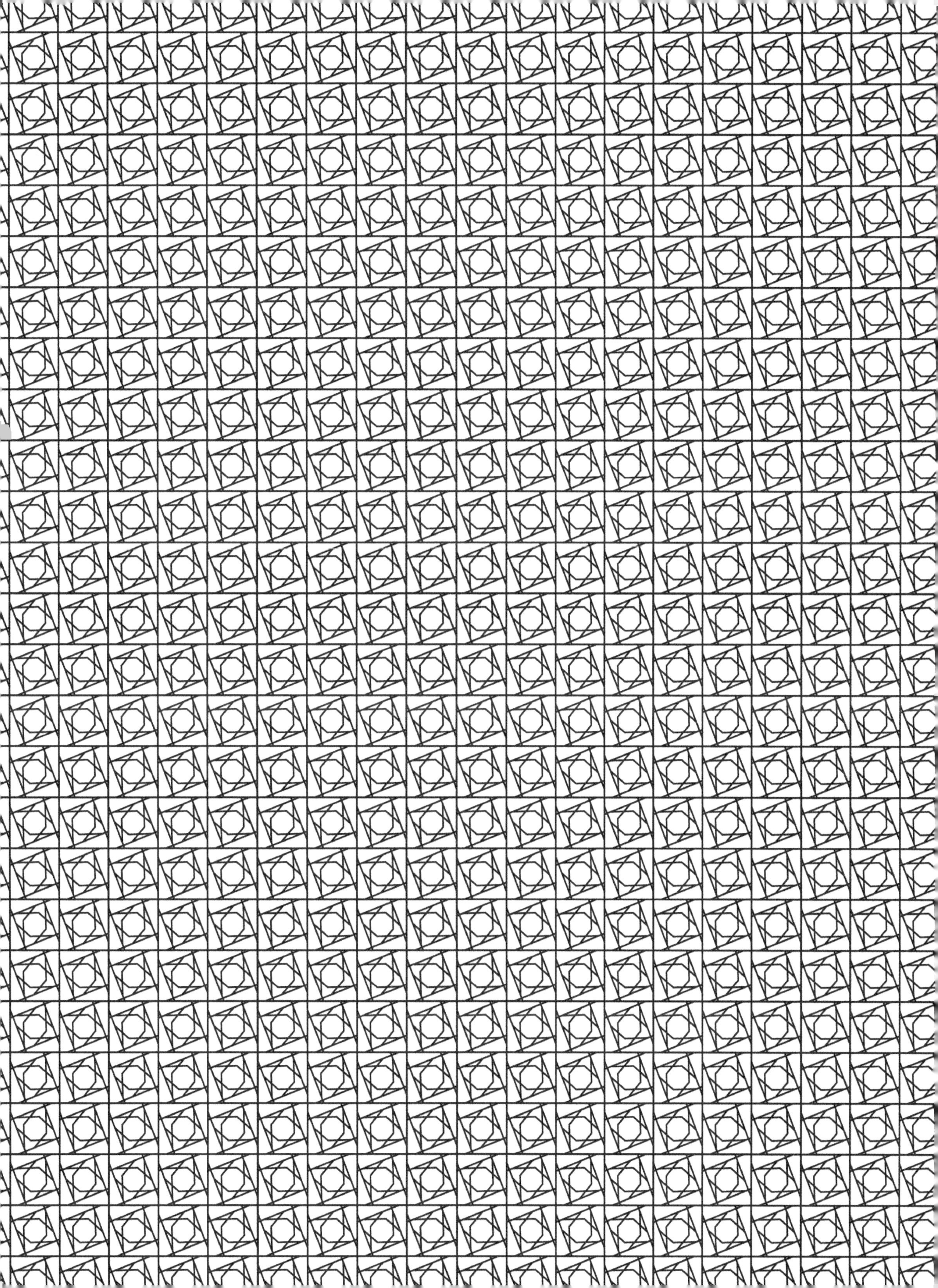

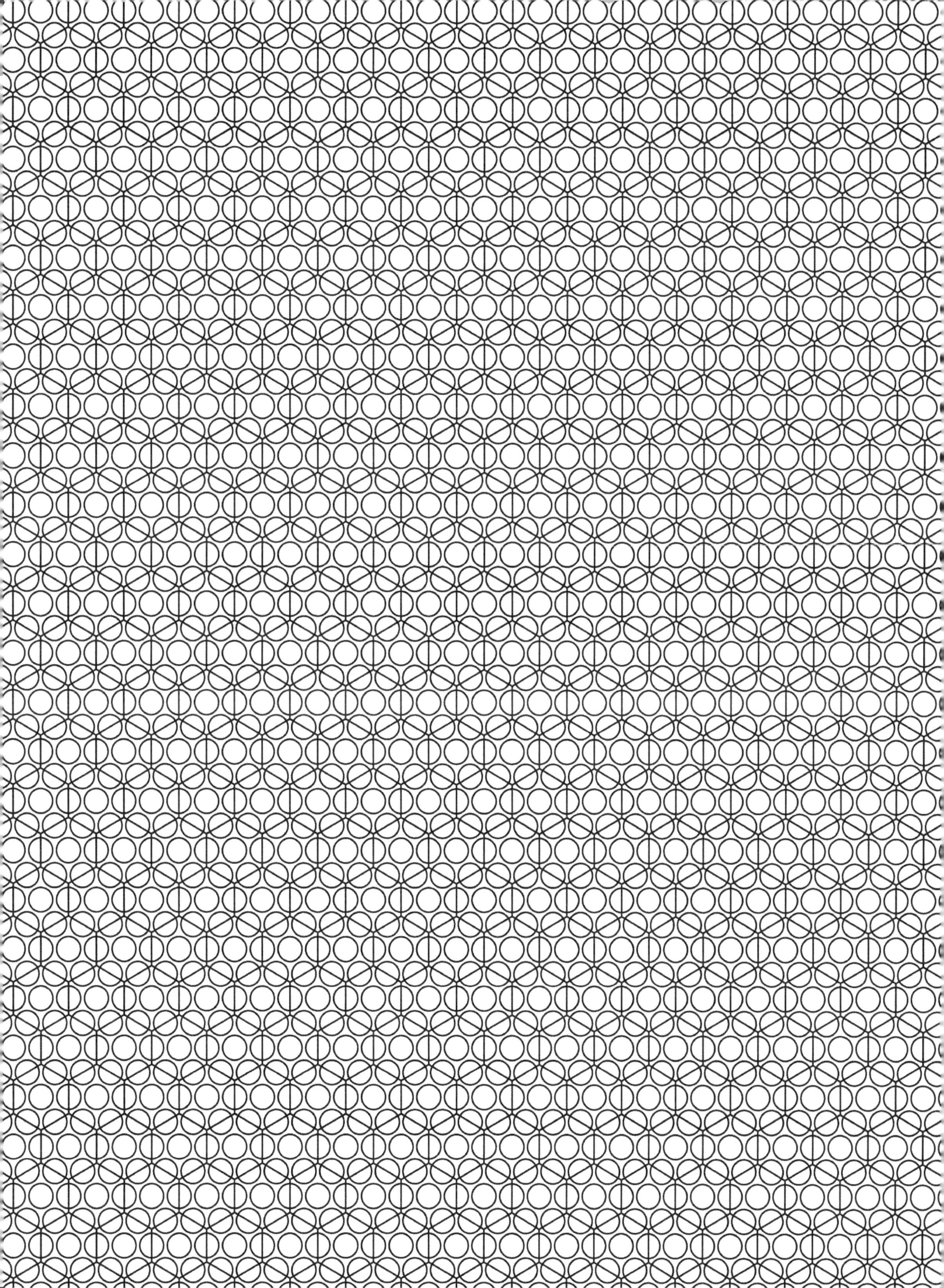

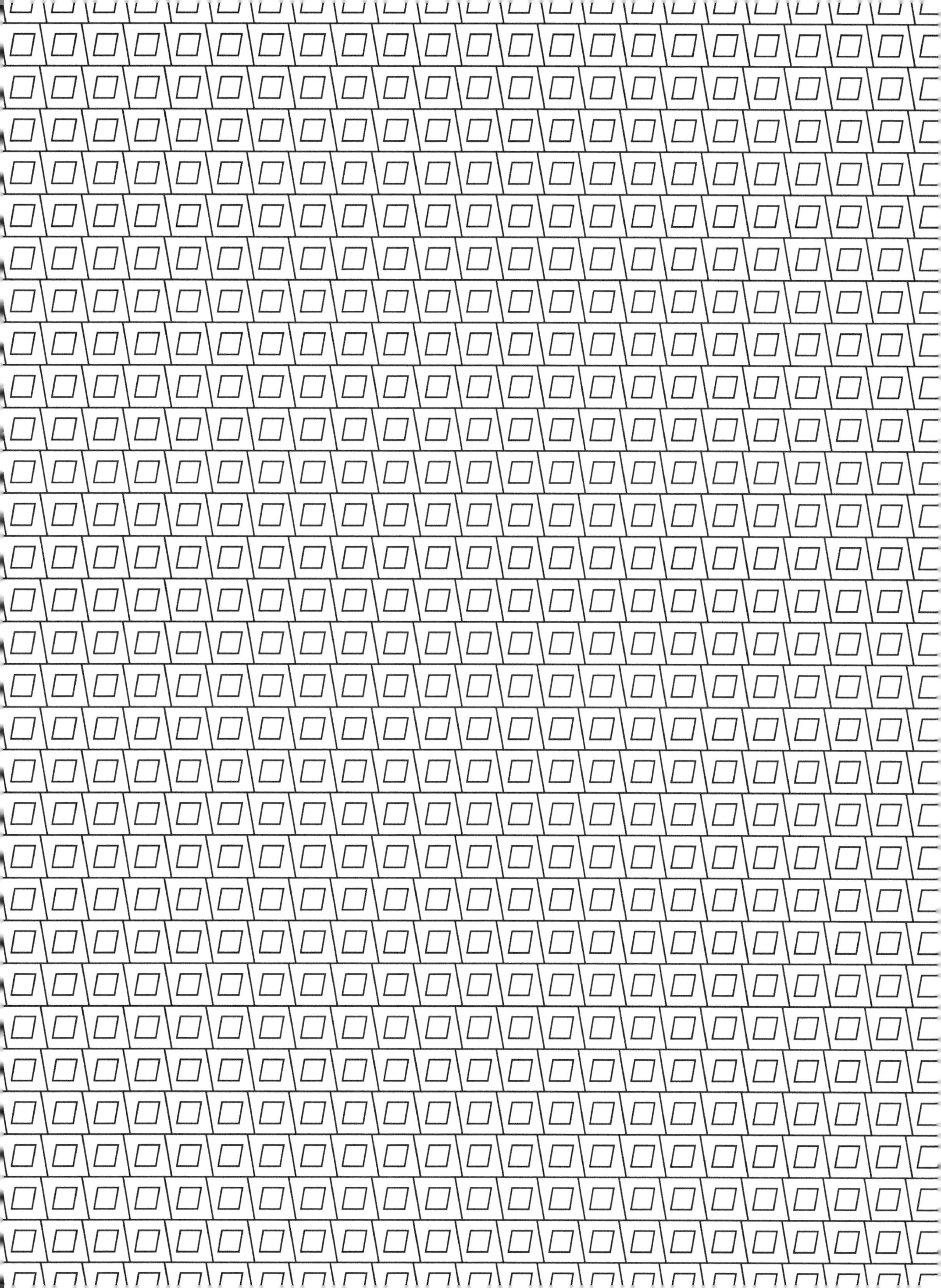

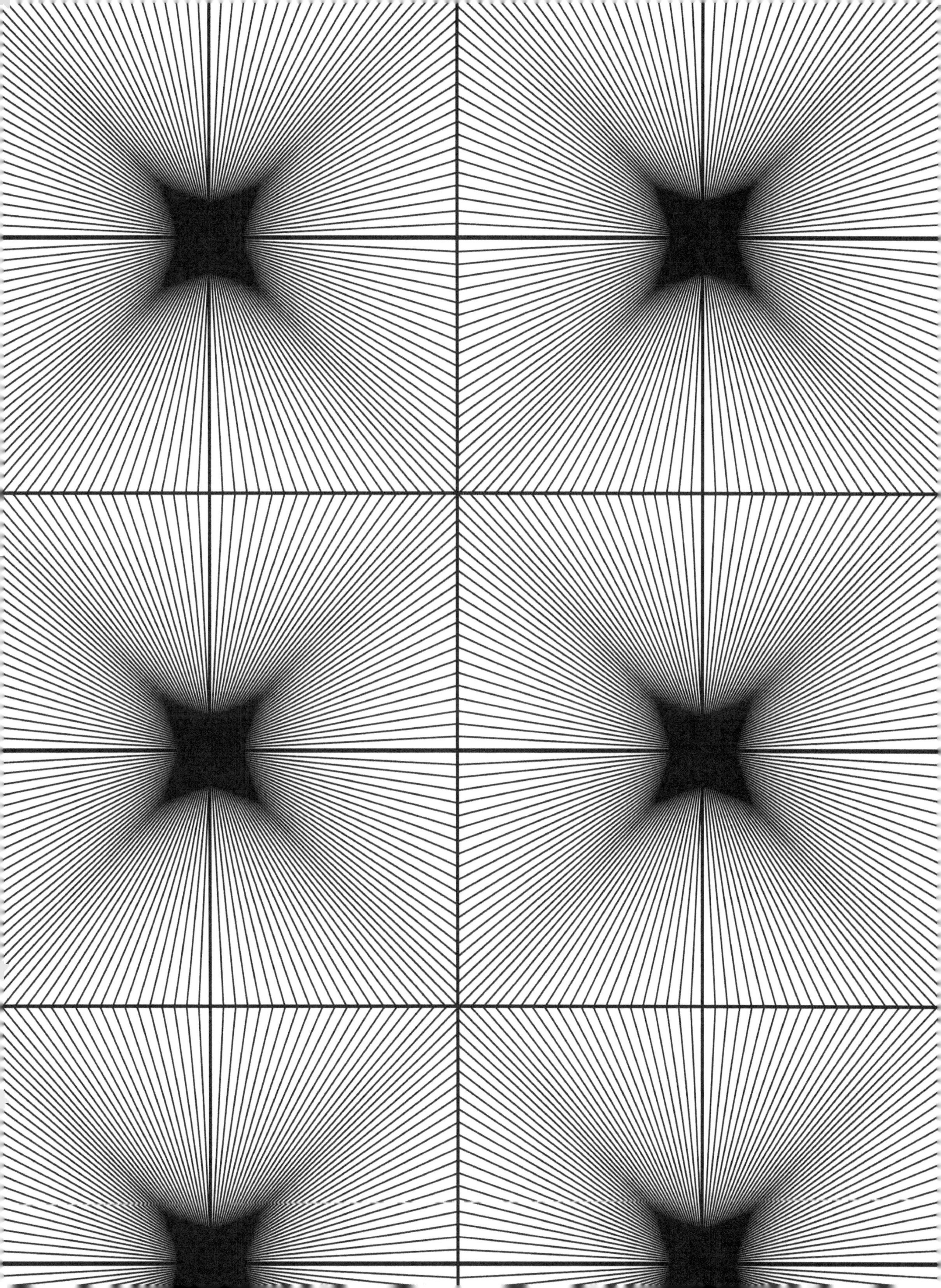

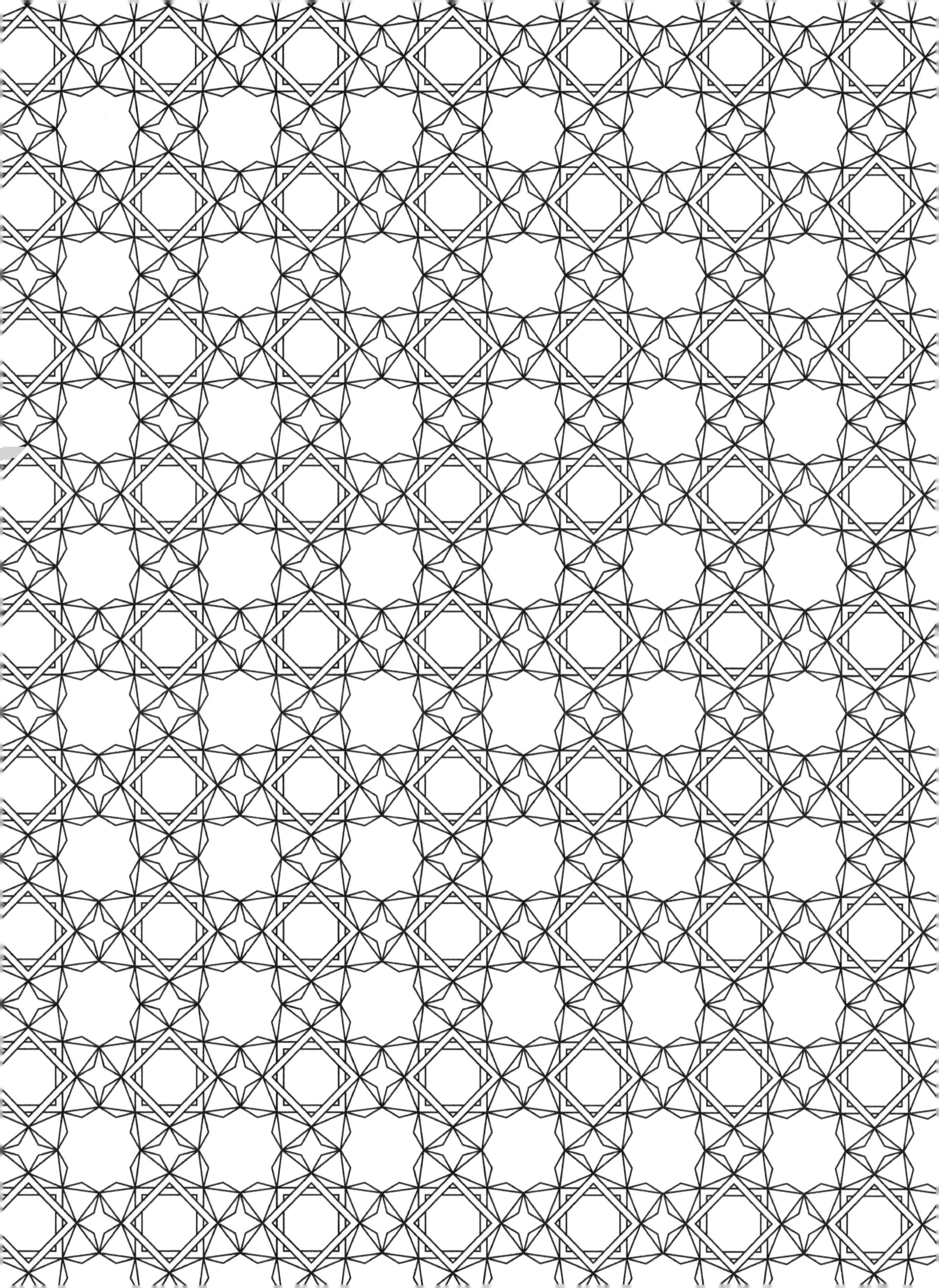

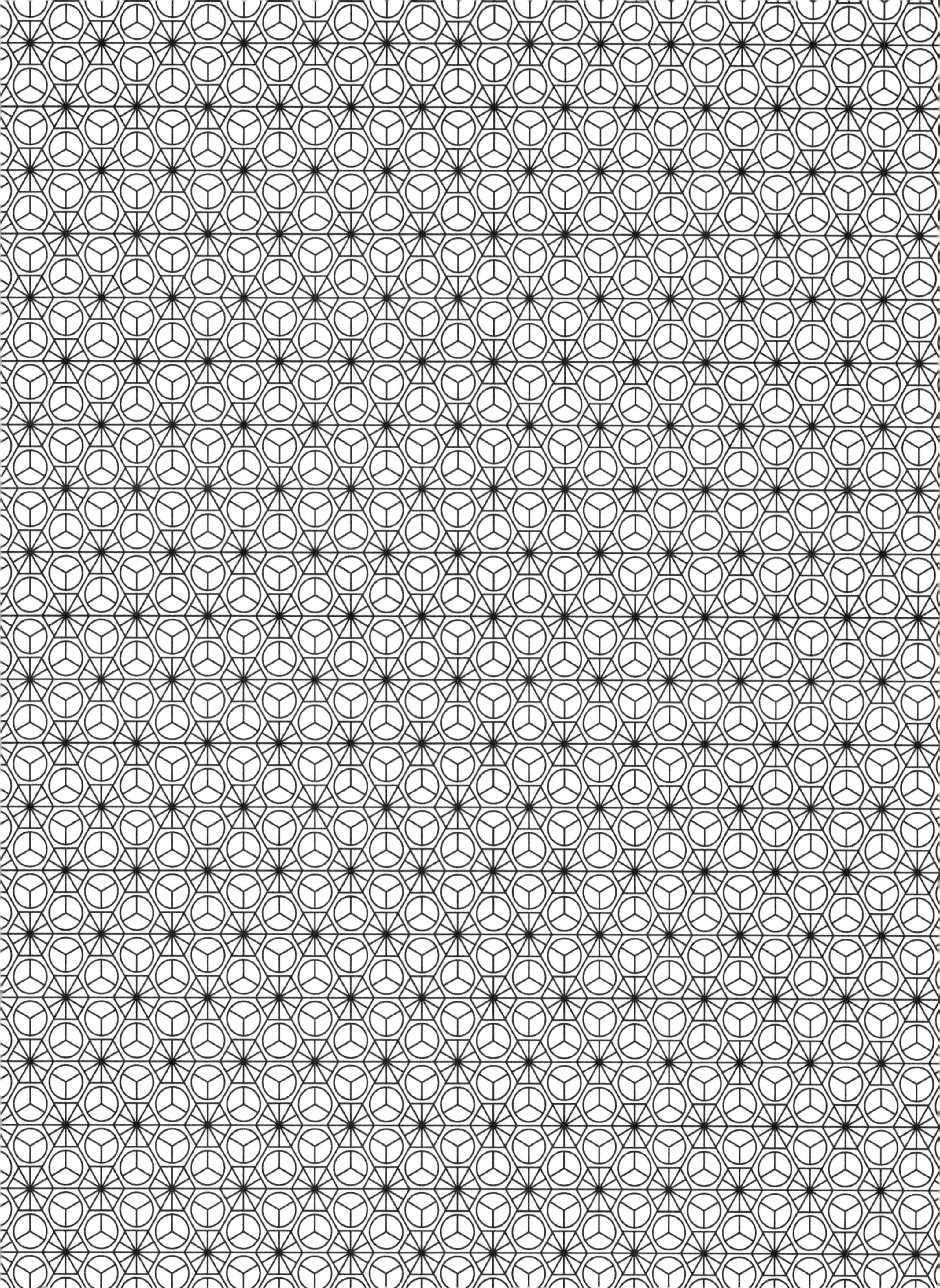

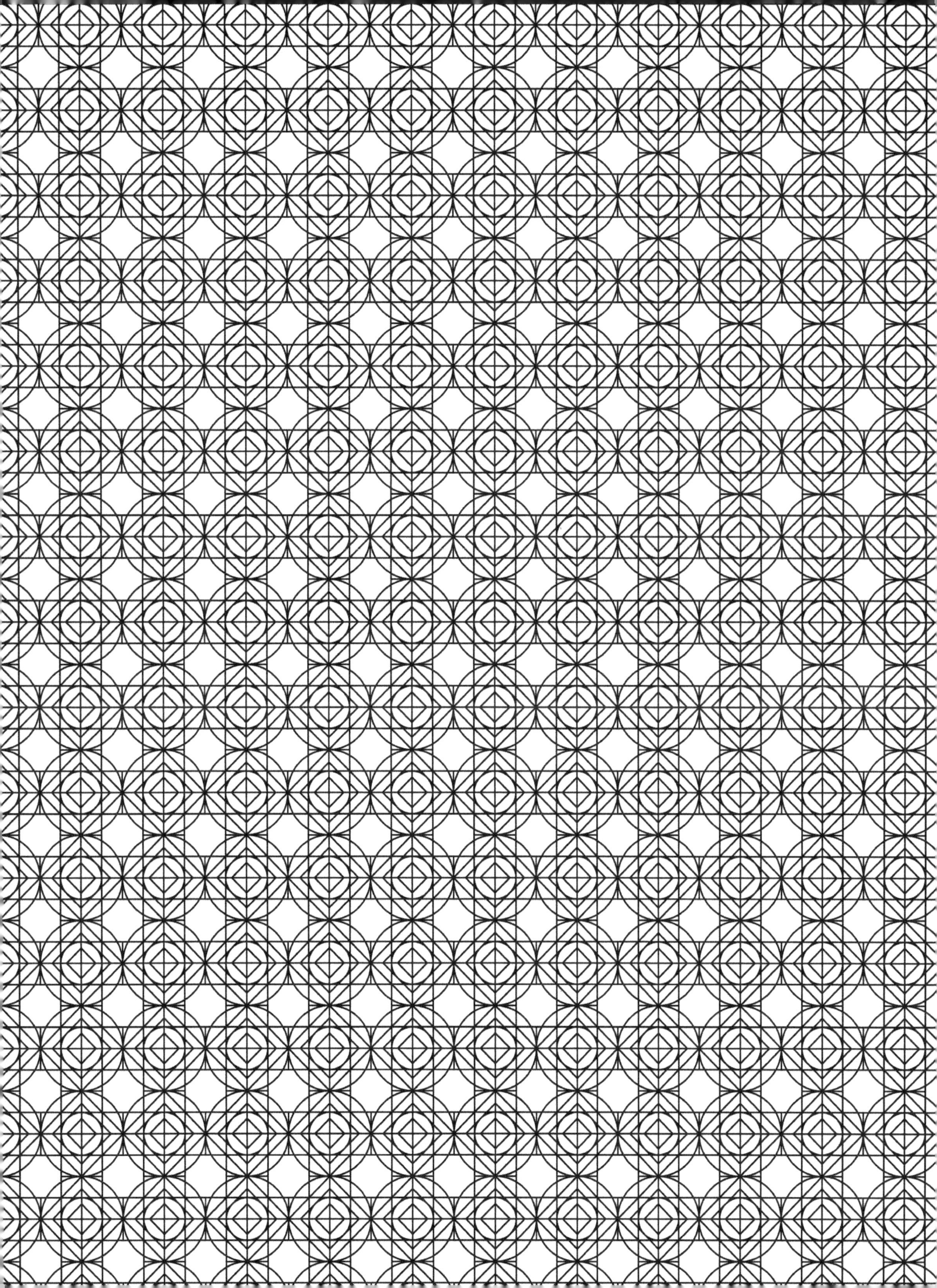

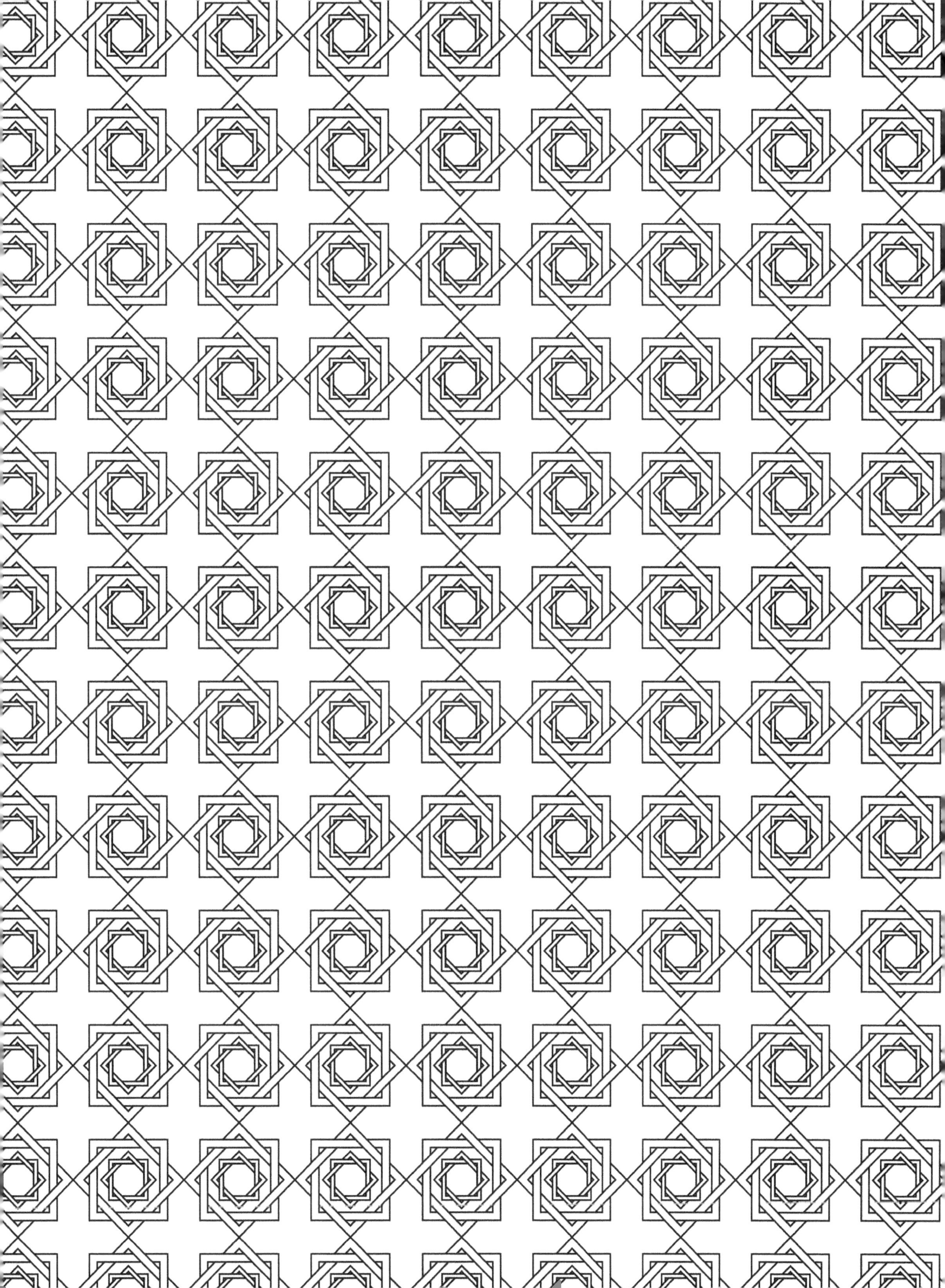

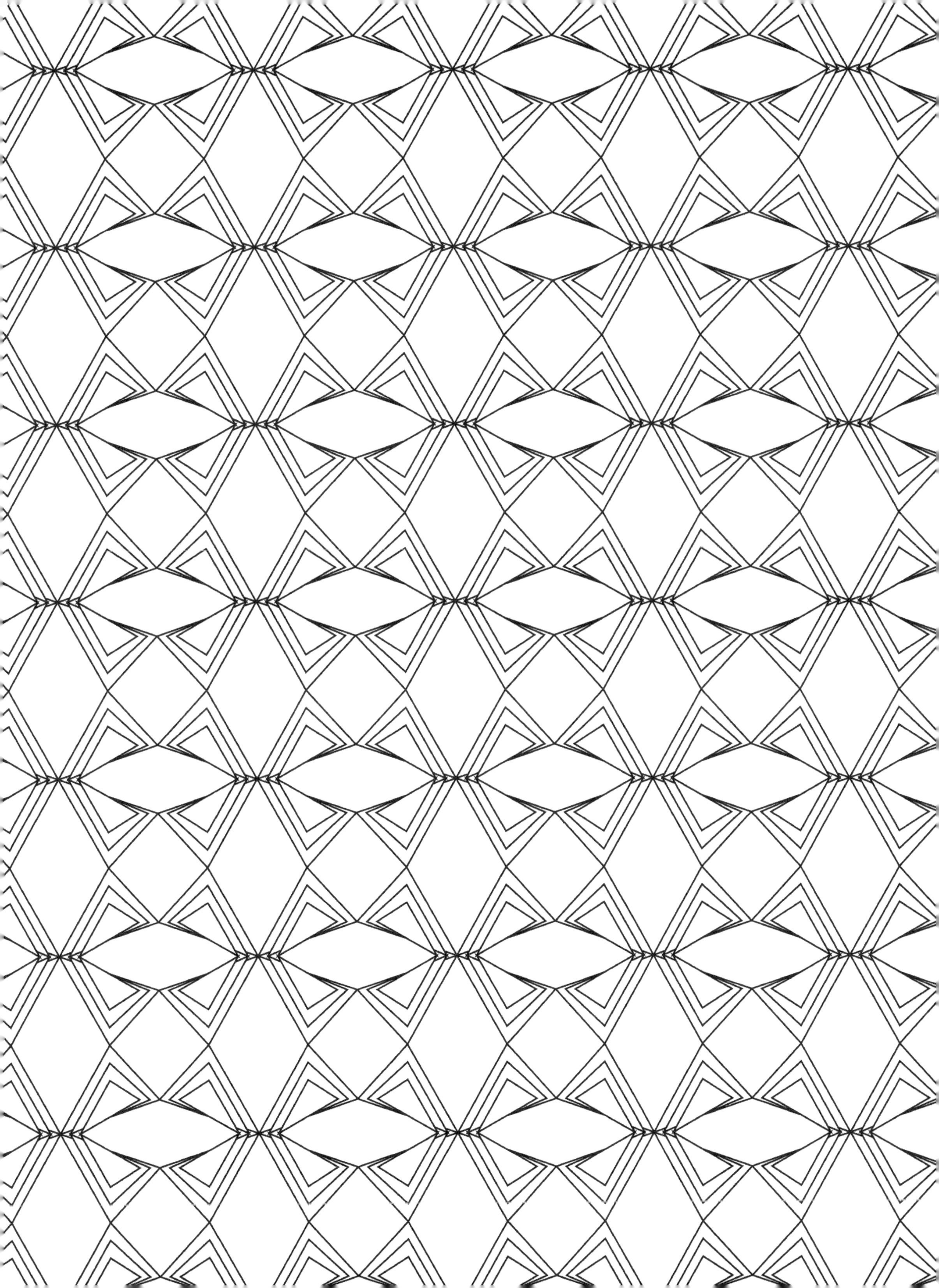

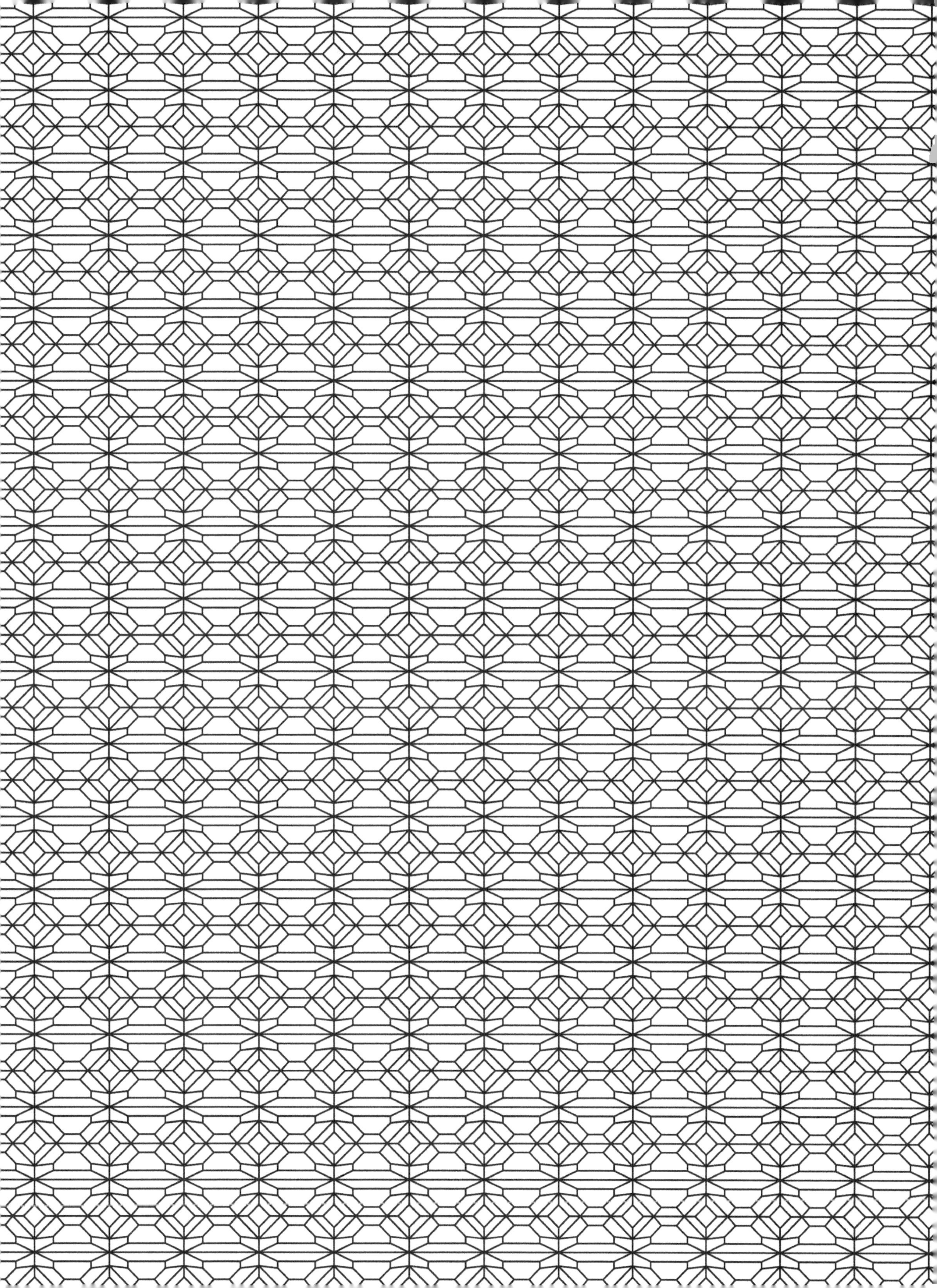

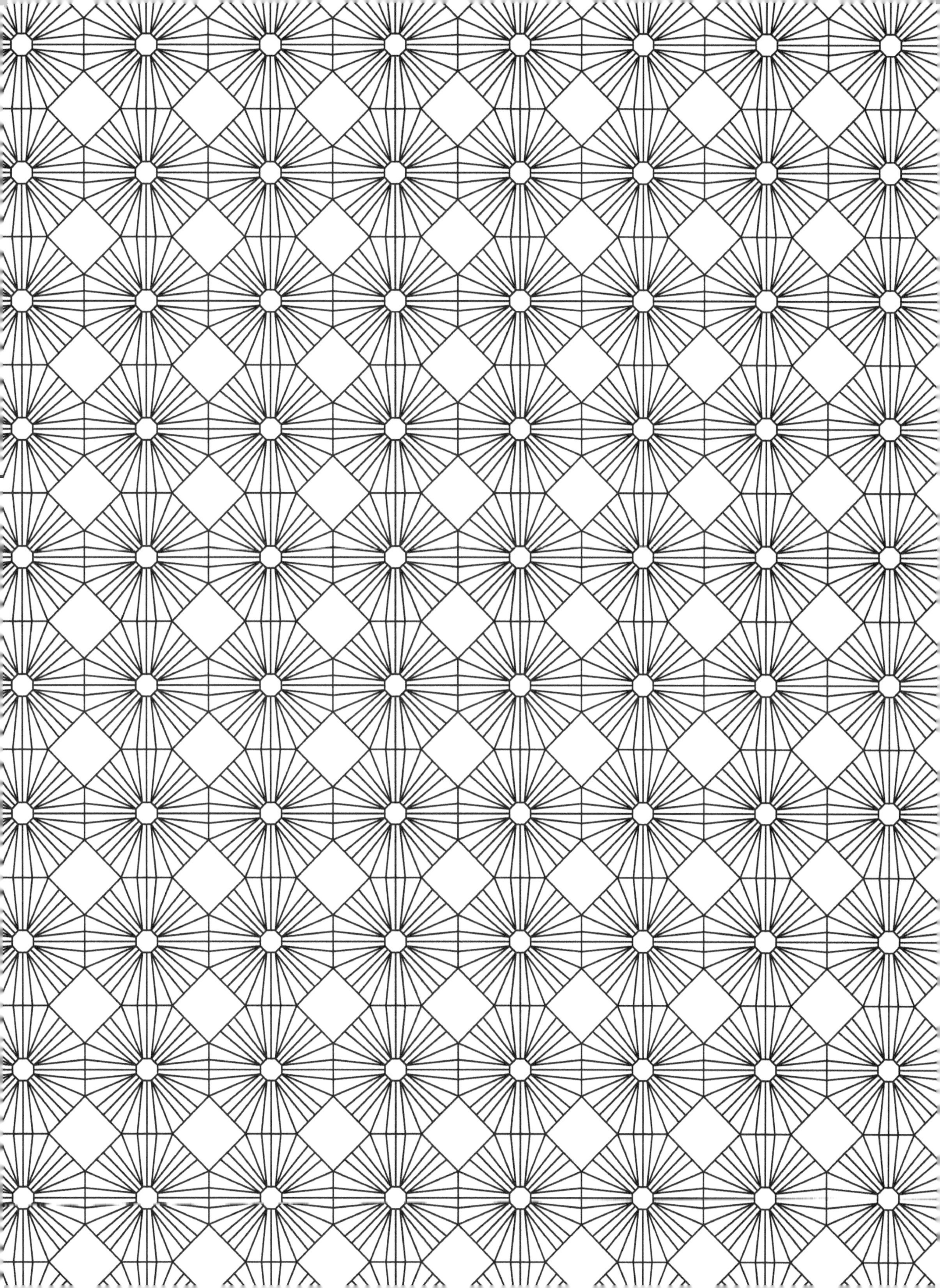

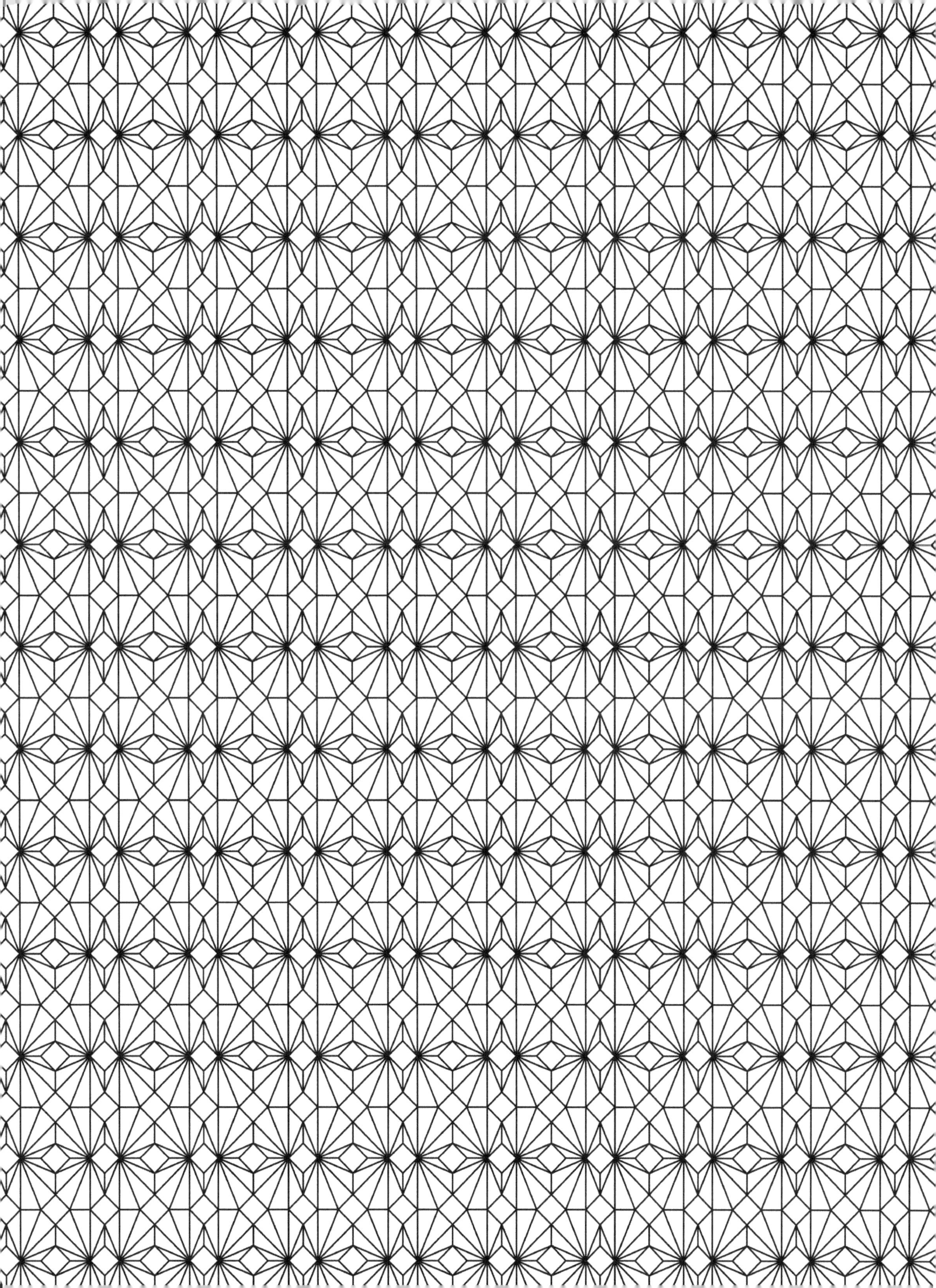

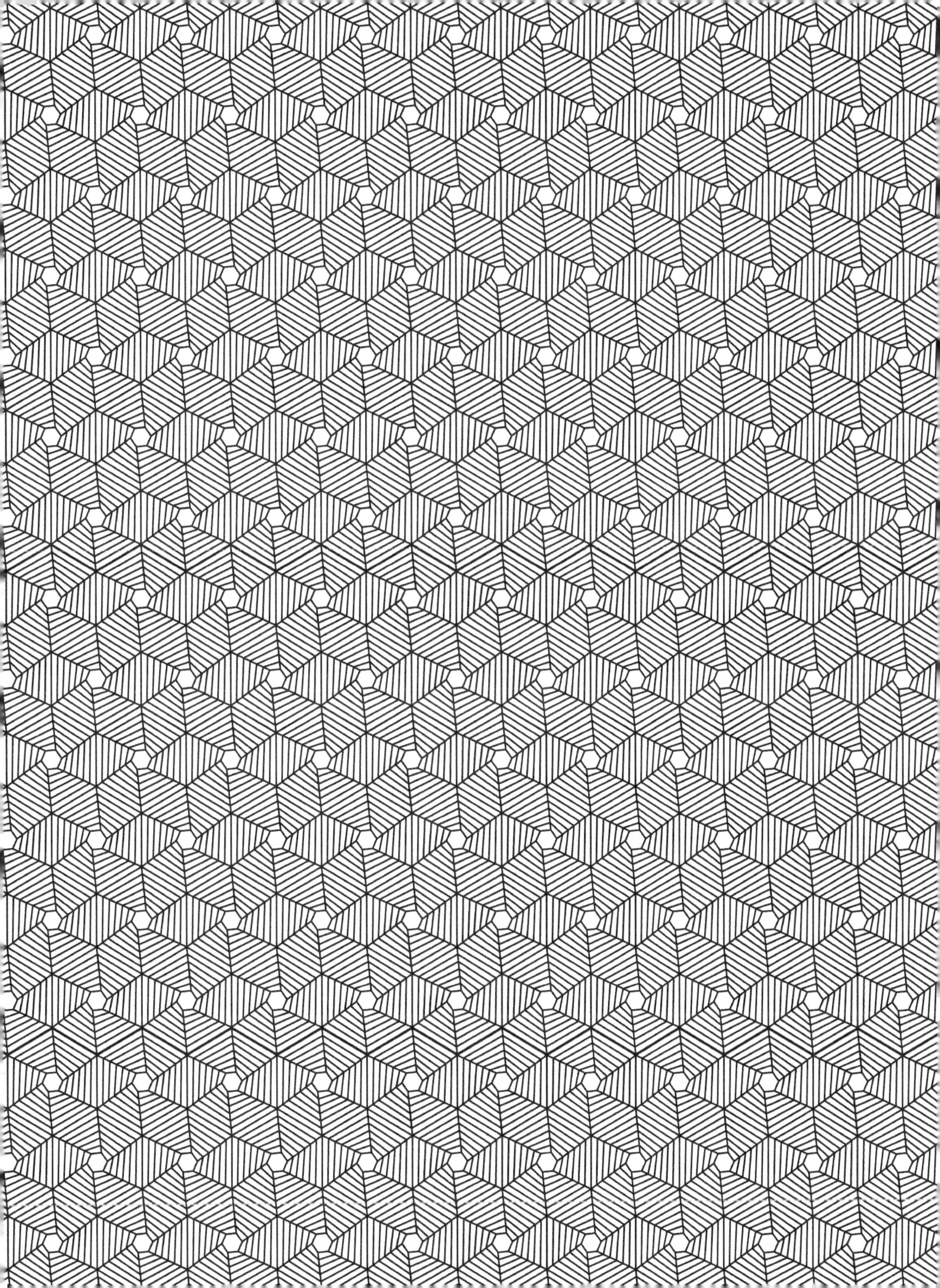

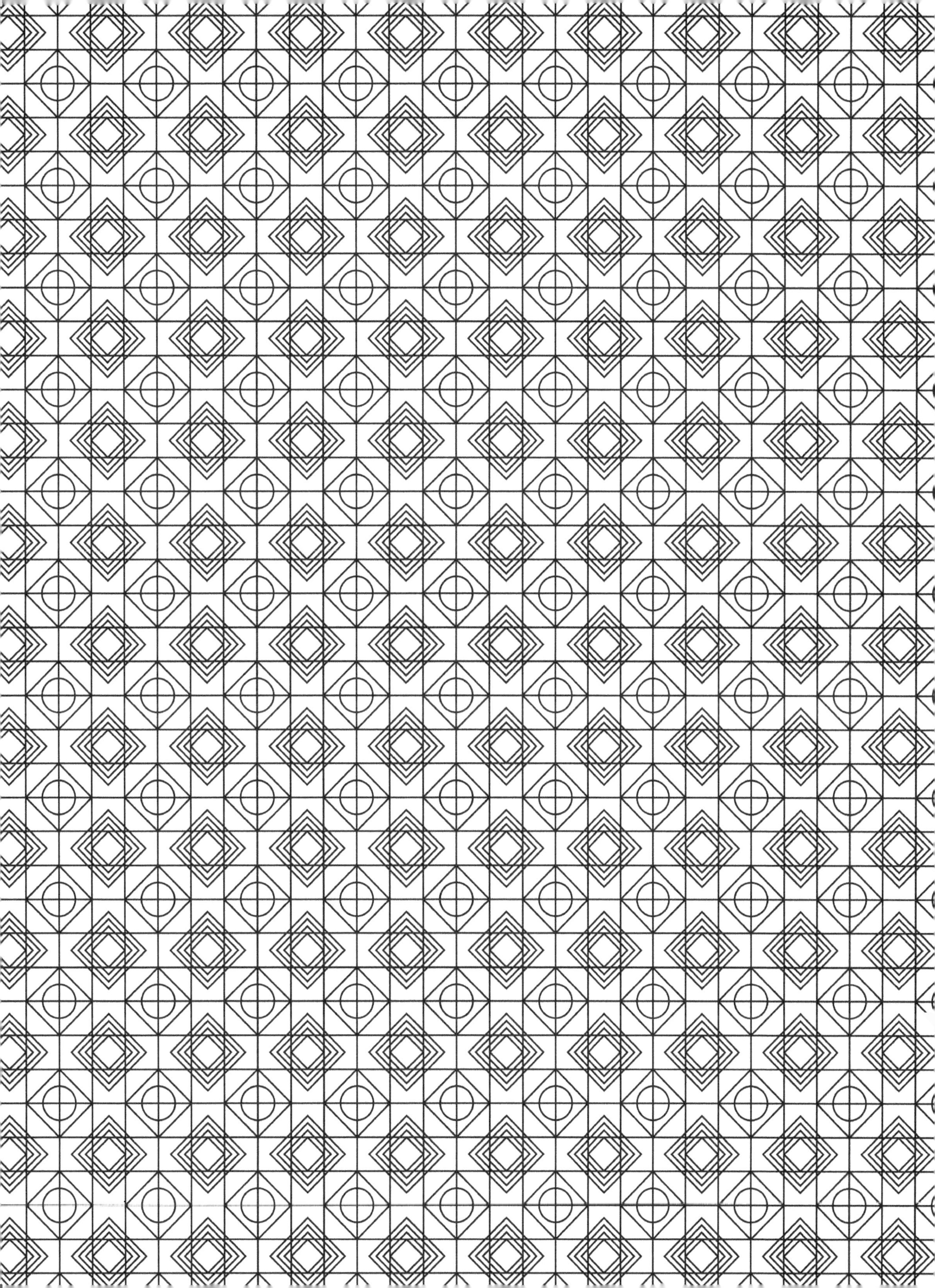

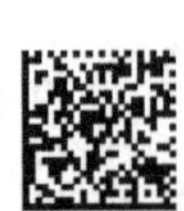